AF224455

LA RÉPUBLIQUE

JUGÉE PAR

LES RÉPUBLICAINS

***

PARIS

LIBRAIRIE NATIONALE

30, AVENUE VICTOR-HUGO, 30

—

1884

LA RÉPUBLIQUE

JUGÉE PAR

LES RÉPUBLICAINS

LA RÉPUBLIQUE

JUGÉE PAR

LES RÉPUBLICAINS

PARIS

LIBRAIRIE NATIONALE

30, AVENUE VICTOR-HUGO, 30

—

1884

LA RÉPUBLIQUE

JUGÉE PAR LES RÉPUBLICAINS

Si l'on s'avisait de collectionner et de réunir en volumes toutes les disgracieuses insinuations, toutes les injures, toutes les accusations infamantes, que depuis plusieurs années se sont, ou par la voie de la presse, ou du haut des tribunes parlementaires, ou sur les tréteaux des réunions et des clubs, adressées et renvoyées les unes aux autres les diverses factions républicaines, le bénédictin laïque qui s'attellerait à cette œuvre ingrate verrait blanchir ou tomber ses derniers cheveux et entasserait in-folio sur in-folio sans arriver jamais à avoir épuisé cette nauséabonde matière.

Il en sortirait un dictionnaire nouveau de la langue verte, tout un argot inédit à l'usage des passions, des haines, des ignorances et des appétits d'une démagogie tantôt caressée, tantôt froissée, toujours exploitée.

Nous n'avons ni la prétention ni le courage surhumain d'entreprendre une tâche si vaste, et il nous semblerait suffisamment instructif, tout en écartant les gros mots, de noter les traits les plus saillants de ces divisions, qui vont toujours s'aggravant, à mesure qu'il y a plus de mécomptes dans le partage de cette vaste proie publique : le pouvoir, les honneurs et le budget.

On a beaucoup vanté, à certaines époques, la discipline républicaine. Elle fut, en effet, remarquable chaque fois qu'il fallut s'unir pour attaquer. Battus ou menacés, les rangs se serraient, les antipathies se taisaient, les rivalités s'éteignaient, et aucune alliance n'était dédaignée.

On sait quel rôle fut assigné à **M.** Thiers et peut-être est-il maintenant déjà bien vieux de rappeler ce joli dialogue narré par **M.** Eugène Pelletan :

« Un ouvrier attaquait violemment la candidature
» de M. Thiers dans une réunion électorale du faubourg
» Saint-Honoré.

« — Tais-toi, imbécile, reprit son voisin, *c'est un*
» CHEVAL DE RENFORT *que nous prenons pour monter*
» *la côte.* »

M. Thiers, que *le Siècle* quelques mois auparavant traitait de *mauvais génie* et de *Caliban de la Monarchie constitutionnelle*, **M.** Thiers, qui pendant les derniers jours de la Défense nationale n'attendait qu'un cachot pour récompense de ses voyages à travers l'Europe, **M.** Thiers, qui, à peine délivré et rassuré, à la tribune de l'Assemblée nationale stigmatisait la politique des FOUS FURIEUX, M. Thiers, circonvenu, pardonné, encouragé, parfois même louangé par M. Gambetta, tira jusqu'en haut de la côte le coche républicain.

Essayez donc maintenant de prononcer son nom dans une réunion publique ! Qu'un journal centre gauche invoque son autorité, et vous verrez quel déchaînement. On est obligé de faire monter la garde la nuit autour des grilles de la statue qu'on lui a élevée à Saint-Germain pour épargner à ce pauvre bronze des polissonneries communardes...

*
* *

L'un des hommes dont la carrière peut être donnée comme un des plus tristes exemples de popularité écroulée, cet orateur si admiré au Corps législatif de l'empire, l'avocat d'Orsini, le ministre du 4 septembre, tenez, le voici exécuté par la *République française* et en quels termes impitoyables !

« Devant une pareille aberration, devant une aussi
» complète méconnaissance de ce que M. Jules Favre
» doit à son pays, de ce qu'il doit enfin à l'ordre dont
» il fait partie, *on n'a pas la force de s'indigner* et on
» ne peut guère éprouver que le sentiment d'une
» profonde pitié. On s'explique bien des choses qui
» jusqu'ici avaient paru incompréhensibles dans *la*
» *conduite politique et privée* de M. Jules Favre. Il est
» clair que cet orateur célèbre *n'est pas conscient, qu'il*

» *lui manque certaines notions de dignité morale*, qu'il
» n'a pas enfin pleine et entière responsabilité de ses
» actes. » (*République française* du 8 août 1872.)

Bien d'autres, parmi les vétérans du parti, éprou-
vèrent l'âpre impertinence du moniteur opportuniste.
On ferait un chapitre curieux, si ce n'était déjà si
loin de nous, si effacé, presque si suranné, en reprenant par le menu l'histoire de la grande élection
Barodet à Paris.

Ce fut là que M. Gambetta, revenu depuis longtemps
de Saint-Sébastien, fit bien connaître qu'il entendait
obéir à condition de commander, et que les anciens,
comme le respectable Littré et autres, se virent traiter
de *vieilles barbes* et bousculer d'importance. Peu de
jours après M. Thiers tombait du pouvoir, et c'était
autour de son jeune rival que se ralliaient pour lutter
contre les monarchistes toutes les forces et toutes les
sectes républicaines.

Il faut être juste, et l'avouer, parce que c'est vrai,
il y eut là pour M. Gambetta, avant que la victoire
fût décisive et complète, plusieurs années où au
nom de la discipline il sut, à l'imitation de quelques
citoyens des républiques antiques qui gouvernaient
sans titre officiel, imposer à tout son parti son autorité presque indiscutée. Ses défauts eux-mêmes
l'y aidèrent, loin de lui nuire, et de plus dé-

licats, de plus fins, de plus expérimentés, de plus instruits eussent éprouvé des inquiétudes, conçu des hésitations ou des scrupules qui ne sont point pour donner de l'empire sur des masses ignorantes.

Mais quand l'ennemi commun fut moins à craindre, quand le tribun dut se dédoubler, prendre un rang officiel, avoir sa part de responsabilité publique, quand, si large que fût le gâteau, il ne put en découper assez de tranches pour satisfaire tous les appétits, alors de son Capitole on lui fit voir tout près la roche Tarpéienne.

On ne se gêna pas pour le traiter de César, et de fait il jouait assez le rôle d'un autocrate de la décadence. On incrimina ses actes et sa vie, on lui reprocha le palais où on l'avait logé, sa baignoire d'argent fut célèbre. Il avait une cour de flatteurs, la plupart remarquables par leur absolue nullité, il en fit des personnages. De là des colères justifiées à l'origine, mais qui s'emportèrent jusqu'aux derniers outrages.

Le véritable pendant, comme tableau de mœurs républicaines, de l'élection Barodet en 1873 fut l'élection Gambetta à Belleville en 1881. On se rappelle cette scène fantastique de la séance publique du 16 août 1881, où Gambetta, accueilli par des huées et des vociférations sauvages et ordurières, oubliant dans sa fureur sa haute situation politique, reprenant le langage des cabarets où il avait étrenné son éloquence, scandant ses paroles de coups de canne, proférant des menaces impériales dans un style de bal masqué, dut finalement être arraché par la protection de la police à l'effusion trop vive de ses électeurs.

Nous recueillerons, à titre de citations, — que nous nous ne recommandons pas aux lycées de jeunes filles, — dans le discours de M. Gambetta et dans les articles de son journal la collection suivante d'épithètes :

Misérables.

Canailles.

Esclaves ivres.

Lâches.

Braillards.

Gueulards.

Énergumènes.

Infâmes.

Faussaires.

Bonapartistes.

Cléricaux!!!

Repris de justice.

Coterie ignoble.

Incapables.

Impuissants.

Bohèmes de la politique !

Habitués de cabarets de barrière.

Souteneurs de filles.

Drôles venus d'on ne sait où.

Bande grossière et souvent immonde.

Tourbe de tapageurs.

Pygmées.

Associés des jérômistes.

Bande de déclassés.

Terroriseurs.

Blouses blanches de l'Empire.

Alphonses.

Ratapoils.

Basiles.

Bande avinée.

Meneurs de la plus inepte démagogie.

Vils perturbateurs salariés. Etc.

Et c'est ainsi qu'en arrive à se laisser traiter une démocratie qui a commencé par se laisser flatter.

*****

Les républicains, qui avaient eu à peu près la sagesse de s'entendre pour escalader le pouvoir, étaient les hommes du monde les moins capables de se retenir dès qu'ils se sentiraient maîtres de la situation.

Encore que dans leur triomphe du 14 octobre 1877, après le désastreux échec du 16 Mai, ils n'eussent que cinq cent mille voix de majorité dans le pays, comme cette faible majorité représentait dans le Parlement la toute-puissance, ils se hâtèrent d'en abuser sous tous les rapports et sur tous les terrains.

Au lieu de s'emparer des administrations publiques, vieux rouages qui marchent docilement au profit de tous les pouvoirs, ils les désorganisèrent par de soi-disantes épurations.

Ils trouvèrent des finances conduites avec autant d'habileté que d'honnêteté, qui avaient permis de payer la rançon de la guerre, de réorganiser l'armée et son matériel, et qui avaient développé la richesse nationale. Ils se lancèrent à corps perdu dans la voie des dépenses inutiles, des entreprises ruineuses, multipliant les sinécures, bouleversant l'équilibre budgétaire, entamant des travaux infructueux et chimériques, des expéditions lointaines, sans résultats pratiques pour le présent, grosses de dangers pour l'avenir.

De là sortirent entre eux des contestations pleines d'acrimonie. Ce ne furent pas les vieux partis, comme ils disaient, les réactionnaires, qui les premiers dénoncèrent les fautes et les malversations des gouvernants. Ce furent ceux des républicains à qui l'on avait négligé de faire leur part.

Voyez, pour la Tunisie, d'où partirent les accusations les plus terribles, les plus précises, sinon de *l'Intransigeant*, dont le rédacteur en chef, M. Henri Rochefort, traduit en cour d'assises, se fit après un débat public, après l'audition des témoins et la production des preuves, acquitter par un verdict du jury, qui retourné contre le gouvernement n'était rien moins que la plus sévère condamnation.

Et le même journal et le même écrivain ont au sujet du Tonkin renouvelé sous des formes non moins acerbes, non moins insultantes, les mêmes inculpations ; mais cette fois le ministère, plus prudent, averti par le fâcheux accident, n'a pas encore poursuivi et a jusqu'ici évité pareil échec.

M. Henri Rochefort a pu déclarer en termes précis dans son journal que, s'il eût été député, il aurait admonesté le ministre ainsi qu'il suit :

« M. Charles Ferry, *votre propre frère*, faisait partie,
» en qualité d'administrateur, d'une banque qui, *après*
» *avoir acheté pour une somme minime* la plupart des
» obligations de la Dette tunisienne, avait absolument
» besoin de la capture de la Tunisie par la France *afin*
» *de les vendre quatre fois ce qu'elle les avait payées.*
» C'est vous JULES, FRÈRE DE CHARLES, qui, en enva-
» hissant les États du Bey, avez décidé le succès de
» cette opération dont *votre plus proche parent* a ainsi
» largement *profité...*
» Comme ce sont là des *faits indéniables* et que
» *nous vous défions d'apporter à la tribune les livres*
» *de cette Société* financière, nous avons le droit, en
» nous basant sur ce précédent, de juger l'entreprise
» tonkinoise comme nous avons jugé l'entreprise tuni-
» sienne. » (*Intransigeant,* 12 juillet 1883.)

Et nous le répétons, ni le journal ni le journaliste n'ont été poursuivis, parce qu'il aurait fallu les mener en cour d'assises, où la preuve des faits allégués contre les hommes publics est admise !

***

Nous n'avons pas marchandé aux républicains la justice qui leur est due, celle d'avoir été patients et disciplinés pour arriver. Ils ont su, et c'était un talent que nous ne contestons pas sans l'envier, cacher au pays ce qu'ils étaient tant qu'ils ne l'ont pas eu conquis. Mais comme, aussitôt vainqueurs, ils se sont rattrapés de cette contrainte à laquelle la ruse les avait obligés !

Il fut un journal, organe d'un groupe parlementaire dont le chef était M. Floquet, qui portait le nom d'*Union républicaine* et le justifiait en écrivant, avec une urbanité dont nous vous faisons juges, les lignes suivantes :

« Gambetta est pape. C'est M. Simon (Jules dans
» l'intimité) qui nous l'affirme. Gambetta n'a cepen-
» dant pas la mine confite, le geste bénisseur, tandis
» que M. Simon (Jules) est un fameux colleur d'affi-
» ches. » (*Union républicaine*, 8 février 1882.)

Cela vaut bien la peine d'être un des plus fins lettrés, d'avoir refusé le serment au 2 décembre 1851, d'avoir combattu pour la république par la plume et par la parole pendant dix-huit ans d'Empire pour être, dans ce style-là, qualifié comme cela ! Et demandez à l'honorable M. Vacherot, que la jeunesse libérale de notre temps entourait d'un si sincère respect, si lui l'honnête persécuté, l'honnête condamné d'autrefois, le penseur fier et indépendant, il a été plus épargné, moins vilipendé par ces fanfarons de République, dont plus d'un tendait la main aux fonds secrets de l'Empire! Quelles leçons de philosophie!

*
**

Ce fut surtout quand la République commença à montrer son incapacité gouvernementale, quand en présence des crises ministérielles et des stériles compétitions de personnes le mécontentement général éclata, que de chacune des factions rivales s'élevèrent les unes contre les autres des clameurs passionnées.

Les modérés n'avaient pas fait long feu, on les avait renvoyés et écartés bien vite; les opportunistes avaient à leur passif leur grand ministère avorté, si longuement prédit, attendu, prôné d'avance, à peine apparu qu'il avait dû chercher une occasion de se suicider, par impossibilité de vivre; le cabinet de M. de Freycinet, de l'auteur utopique du grand plan de travaux publics, ne s'était fait remarquer que par le nombre et la gravité des humiliations que l'Europe lui avaient infligées.

Quand il sombra, à la fin de juillet 1882, la crise fut si intense, le dégoût public était si complet, qu'assurément la République était à la merci du premier coup de main qui se fût produit. Il n'y avait même plus de candidats ministres; la Chambre, qui avait un an à peine d'existence, était déconsidérée à ce point qu'on parlait déjà de dissolution. Le *XIXe Siècle*, organe relativement modéré, disait :

« Un an ne s'est pas écoulé depuis les élections
» d'août 1881, et déjà cette Chambre est morte ; elle
» est plus que morte, *elle est* POURRIE. »

Le *National* traçait du régime que ses amis avaient contribué à imposer à la France ce tableau d'une rigoureuse exactitude :

« Le CHAOS dans lequel se débat la France répu-
» blicaine, à l'intérieur et à l'extérieur, ne peut pas
» se prolonger plus longtemps. Il y a quelque chose
» de POURRI dans notre pays de France.

» *Une triste décomposition mine notre état poli-*
» *tique* qui s'affaisse morceau par morceau. *Tout le*
» *monde le comprend et tout le monde le dit.*

» La représentation nationale, PRODUIT INCOHÉRENT
» DE TOUTES LES AMBITIONS, de toutes les VANITÉS, de
» tous les APPÉTITS, de toutes les PASSIONS d'une DÉ-
» MOCRATIE SANS BOUSSOLE, ne sait plus ni ce qu'elle
» veut ni ce qu'elle fait.

» Les partis sont confondus, puis séparés, échan-
» geant inconsciemment, dans cet avant-deux, leurs
» programmes sans s'en apercevoir. Les intransi-
» geants sont devenus gouvernementaux, les gou-
» vernementaux ont endossé l'habit des intransi-
» geants.

» L'administration, exposée à des changements quo-
» tidiens de direction, s'immobilise et s'anémie, com-
» prenant qu'elle est à la merci des administrés qui

» tiennent les députés, maîtres à leur tour de l'exis-
» tence des ministres.

» La France est devenue une abbaye de Thélème
» *à l'usage de tous les malfaisants*. FAIS CE QUE VOU-
» DRAS, ET APRÈS NOUS LA FIN DU MONDE.

» Les ministres, réduits à des majorités de hasard
» et de coalition, harcelés par les menaces des uns,
» par les attaques des autres, se laissent à leur tour,
» après une résistance plus ou moins longue, entraî-
» ner par le tourbillon et *n'émergent accidentellement*
» *que pour nous faire voir des faces de noyés.*

» A l'extérieur *nulle suite dans les idées*. A chaque
» minute tout se modifie, et le personnel, et la direc-
» tion, et les tendances. *L'étranger n'a devant lui*
» *que des passants dont l'ombre s'efface déjà au moment*
» *qu'il songe à les entretenir des affaires communes aux*
» *deux pays.* Notre armée, prête à tous les sacrifices,
» à tous les dévouements, est organisée de telle sorte
» qu'elle ne peut ni se mouvoir, ni fournir un corps
» expéditionnaire SANS ÊTRE MENACÉE DE DÉSORGANISA-
» TION. »

Tout cela est écrit de main de républicain, et fort
bien écrit, et absolument vrai.

[*]

La faute à qui? Si vous posez cette question, vous
aurez une série de réponses prévues.

L'Élysée, c'est-à-dire M. Daniel Wilson, gendre de

M. le président de la République et fondateur du journal *la Petite France*, vous fera le procès du cabinet Ferry, que nous subissons depuis plus d'une année.

M. Ranc, rédacteur au *Voltaire*, la plus aiguisée des plumes opportunistes, vous apprendra que la République porte à la fois la peine du manque de prestige de son président, **M.** Grévy, trop renommé pour ses goûts d'économie domestique et sa complaisance pour les intrigues politiques ou financières de son gendre, et de l'insociabilité farouche de l'extrême gauche.

L'extrême gauche à son tour ne se gêne pas pour vous dire qu'aucune tyrannie ancienne ou moderne n'a plus pratiqué le mépris des lois, n'a davantage multiplié les exactions et les concussions que les exploiteurs actuels du régime, soutenus ou tolérés par une majorité servile.

Ne croyez pas que l'on soit embarrassé pour accuser ses coreligionnaires dissidents de lèse-patriotisme ou de mauvaise foi.

Écoutons *le Voltaire* :

« On n'avait pas pu prévoir que, sous prétexte de
» raffermir la République, des députés de l'extrême
» gauche consacreraient toute leur énergie à démon-
» trer par leurs attaques et par leurs votes que *la Ré-*
» *publique est le régime de l'instabilité* et qu'un cabi-
» net n'est pas autre chose qu'UNE CIBLE *sur laquelle*
» *tout bon républicain* DOIT TIRER *dès qu'elle est de-*
» *bout.* » (*Voltaire*, 3 avril 1884.)

C'est froidement dit, et sans doute en écrivant on se rappelait le décret des otages, le mur de la rue Haxo, l'accident du pauvre républicain Chaudey, qui ne penchait pas entre Versailles et la Commune avant d'être fusillé par Raoul Rigault!

Mais nous avions le même jour la note opposée :

« Plus on piétine sur cette majorité japonaise et
» plus elle se déclare satisfaite. Il y a des gens qu'on
» prend par les bons procédés. Il en est d'autres qu'on
» ne réduit que par des coups de pied dans le derrière
» (*sic*). (*Intransigeant*, 3 avril 1884.)

Nous avons évité autant que possible de reproduire de ces aménités peu conservatrices qu'on n'aurait pas osé imprimer autrefois, mais qui sont passées aujourd'hui dans le langage courant de la politique républicaine. N'y avait-il pas l'autre jour encore un sous-secrétaire d'État, et dans l'un des ministères les plus importants, qui doit toute sa notoriété à un mouvement d'enthousiasme dans lequel en pleine Chambre des députés il proféra le mot célèbre mais réaliste par lequel Cambronne avait refusé aux Anglais sa fidèle et glorieuse épée?

Ce sera donc à titre de document historique seulement que nous citerons ce portrait de la Chambre.

« Certes la France n'a pas manqué d'Assemblées inu-
» tiles, mais on n'en vit jamais d'aussi BÊTEMENT NUI-
» SIBLE que celle-ci.

» Cette *lourde machine* IDIOTE, AVEUGLE ET BARBARE,
» nous coûte sept millions et demi par année.

» De quelle épithète veut-elle donc qu'on la nomme,
» *cette Chambre au-dessous des prostituées?*

» Nous avons devant nous quelque chose *d'inavoué*, de
» *boueux*, de *sans corps et sans nom*, qu'on ne peut
» grouper *qu'avec la pelle*, une véritable décomposition.

» Où serait donc la France si le Sénat et la Chambre
» représentaient réellement la majorité du pays?

» Ils n'en sont au contraire que la minorité. »

(M. Lissagaray, dans *la Bataille*, 16 avril 1884.)

Cela ne peut pas être donné comme modèle de style poli, mais il y a cependant du vrai. D'abord il est exact que la Chambre actuelle coûte sept millions et demi tandis que celle de la Monarchie coûtait huit cent mille francs, ce qui ne fait guère plus d'un dixième, et il est non moins exact de dire que, dans les conditions où se sont faites les élections, c'est une minorité effrontée qui a imposé au pays des choix arbitraires et indignes de lui. Mais passons, cela ne nous regarde point et nous ne faisons qu'enregistrer des témoignages, ni plus, ni moins.

*
* *

Et les accusations de vénalité, de tripotages financiers, d'exploitation lucrative des fonctions publiques, c'est là qu'on s'est donné carrière. On ferait, depuis le fameux discours prononcé à Romans par M. Gambetta et qui fut le signal d'un coup de Bourse colossal, toute une histoire à part de la conversion de la rente 5 0/0 en 4 1/2 0/0, tantôt annoncée, puis démentie, remise ensuite sur le tapis pour être niée à nouveau, et finir par éclater sur le marché des fonds publics au moment où l'on croyait le ministre des finances absorbé en Algérie par des inspections de palmiers.

Les journaux d'extrême gauche poussèrent les hauts cris, apportèrent des confrontations de dates, comparèrent, la cote officielle en main, les alternatives de hausse et de baisse, où les malheureux rentiers sans défense voyaient dépérir en quelques minutes le fruit de leurs lentes économies; mais le mot le plus terrible dans son apparente retenue fut celui du *Journal des Débats* :

« Dans l'histoire des conversions la quatrième con- » version des rentes françaises pourra s'appeler la con- » VERSION NOCTURNE, » dit-il, et il souligne sa juste ma- lignité en ajoutant : « Ce n'est pas une dénomination *glorieuse*. » (*Journal des Débats*, 24 avril 1883.)

Le Parlement, dans son ensemble, n'est pas honoré de plus de confiance que les ministres tirés de son sein, car voici comme on en parle lorsqu'il s'agit d'une délibération où des intérêts financiers sont en jeu :

« Dans la salle des Pas-Perdus, on désigne par » leurs noms, avec le chiffre en regard, *les fonction-* » *naires et les députés* dont les GOSIERS AVIDES SONT » ENCORE TOUT RUISSELANTS DES POTS-DE-VIN qu'ils ont » absorbés.

» C'est le MARCHÉ AUX VOTES et la FOIRE AUX CON- » SCIENCES.

» Il paraît que *c'est tant pour un discours* et *tant
» pour un vote,* comme dans les théâtres où les avant-
» scènes coûtent beaucoup plus cher que les places
» de troisième galerie.

... » Cette CHAMBRE DE REGRATTIERS, qui, après
» avoir vendu des obligations tunisiennes et des pépites
» tonkinoises, finit par SE VENDRE ELLE-MÈME, fi-
» nira de sa belle mort, qui n'en sera que plus
» vilaine, dans une quinzaine de mois. » (*Intransi-
» geant,* 23 juillet 1883.)

Comme pour donner raison à l'impertinent écrivain
que nous venons de citer, quelques jours après un
tribunal belge acquitte un tripoteur de bas étage accusé
d'avoir escroqué une somme de seize mille francs, et
qui se disculpe en prouvant l'avoir remise en *pots-de-
vin* à deux députés républicains français influents !

Deux opportunistes ! deux amis de M. Gambetta !
s'écrient en chœur les radicaux affolés de joie. Nommez-les ! nommez-les ! Mais Boland, c'est le nom du
sous-financier, est un malin, Boland est discret, Boland
ne veut pas parler, l'affaire dure plus de six mois,
on se chuchote des noms propres aux oreilles. On
échange des témoins et surtout des injures, on nomme
un jury, et finalement les deux *Bollandistes* n'étant
pas officiellement reconnus, continuent à siéger, ils
nous font des lois, ils nous ont épuré la magistrature
et nous laïcisent à toute outrance.

Cela rend moins fier assurément que de regarder
la colonne Vendôme !

***

Le grand maître d'aujourd'hui, c'est incontestablement M. Jules Ferry, le successeur, l'héritier de Gambetta, plus puissant peut-être par l'effet de cette loi des décadences où l'on recherche sans cesse à tomber plus bas. Eh bien, dans la presse républicaine, comment est-il jugé ?

Voici l'appréciation du rédacteur en chef de *l'Événement*, M. Edmond Magnier :

« Engagé dans le marais parlementaire, il s'y ébat
» et s'y délecte. La marche du monde lui échappe.
» Il ne songe qu'à lui, qu'à son règne de quinze mois,
» qu'à sa majorité qu'il compte sur ses doigts...
» M. Ferry représente tout à la fois la TRAHISON DE
» L'AUTORITÉ ET DE LA LIBERTÉ. C'est la politique de
» la *double face*, de la *volte-face* et de la *pile ou face.* »
(*Événement*, 18 avril 1884.)

A peine vient-il, dans son pèlerinage en Gascogne, d'émettre ce récent aphorisme : — *La République sera la République des paysans, ou elle ne sera pas*, que le plus sérieux des écrivains politiques du *Rappel*, M. A. Gaulier, lui répond avec une sévérité qu'on ne saurait trouver déplacée :

» Une République des bourgeois, une République des
» ouvriers, ou une République des paysans, sont des
» énonciations contradictoires. *Pour flatter un audi*
» *toire rural*, M. Jules Ferry s'est laissé entraîner à

» proclamer UN NON-SENS POLITIQUE. » *(Rappel,* 19 avril
» 1884 ou 1er floréal an 92.)

Un jeune et ardent orateur de l'extrême gauche,
M. G. Laguerre, adresse aussitôt au président du Con-
seil des ministres une lettre dont deux phrases ex-
traîtes suffisent pour faire apprécier le ton :

« Vous *raillez* quand vous parlez de la Républi-
» que des paysans, *vous qui n'avez rien fait pour les*
» *travailleurs des campagnes* NON PLUS *que pour les tra-*
» *vailleurs des villes.*

» *Votre* ministre de l'intérieur *apporte des faux* à
» la tribune ; vous *colportez des calomnies* dans vos
» discours : le pays républicain jugera. » (16 avril
» 1884.)

La Justice, rapprochant les déclarations du ministre
des scandales révélés en Corse par un procès récent,
s'écrie avec la gouaillerie insolente de M. Camille
Pelletan :

« La *République des paysans* s'en va, bras dessus
» bras dessous, avec la RÉPUBLIQUE DES CHOURINEURS (1)! »

*
* *

C'est merveille d'ailleurs de voir comme chaque
fois qu'éclate une vilaine histoire dans le monde offi-

---

(1) Dans l'argot des bagnes on nommait, paraît-il, le couteau
un *surin,* d'où celui qui s'en sert pour assassiner *surineur,* et par
corruption *chourineur.* (Addition indispensable aux manuels laïques
et civiques.}

ciel, ce n'est plus la presse conservatrice qui est obli-
gée de la mettre au jour, qui la dénonce, qui s'en in-
digne. Son rôle peut se borner maintenant à de sim-
ples reproductions.

« Nous sommes gouvernés par la Cour des Mi-
racles. »

Ce n'est pas **M.** de Cassagnac qui le déclare, c'est
M. Laisant, député républicain, dans le journal républicain *la Vérité*, à la date du 17 avril dernier, et c'est
lui qui pose cette question vengeresse :

« Quel garde des sceaux de l'Empire *a mis la main*
» *sur la magistrature*, A FOUILLÉ LES PRÉTOIRES, A SALI
» LA JUSTICE avec plus de cynisme que **M.** Martin-
» Feuillée ? »

*
* *

Au sujet de la grève déplorable d'Anzin, où le gouvernement a trouvé moyen de se faire blâmer par tout le
monde et de trahir également les conservateurs et les
révolutionnaires, qui signalera la main de l'étranger, qui
dénoncera les antipatriotiques alliances, sinon la *République française* dans un pédantesque sarcasme?

« On a parlé *de secours fournis par des associations*
» *ouvrières étrangères*. Ces secours ne nous disent rien
» qui vaille. On ne les donnerait pas à des ouvriers fran-
» çais pour les aider au travail, on les leur offre pour
» qu'ils restent en grève, et pendant que les puits d'Anzin
» chôment, les houilles étrangères viennent encombrer

» nos marchés. Qu'on n'oublie pas que *plusieurs des*
» *principaux organisateurs de la grève sont sujets belges.*
» Ceux qui envoient des secours de l'autre côté de la
» frontière font un excellent placement. Leur charité
» est rémunératrice. »

(République française, 12 avril 1884.)

Fort bien, mais le gouvernement qui n'a rien su prévoir, rien empêcher, qui ose à peine réprimer, qui
traite de puissance à puissance avec le délégué Basly,
ouvrier en rupture de travail, cabaretier en exercice,
quel procès vous lui faites, et comme vous mettez le
deuil dans le cœur de ce pauvre centre gauche! Le
Journal des Débats n'est ni fier ni content.

« Cette affaire d'Anzin aura pendant quelque temps
» sur l'industrie française une influence *défavorable.*
» Elle détournera les capitaux des exploitations indus-
» trielles...

» Qu'il y ait à la Chambre *quelques étourdis* (!!) prêts
» à *exproprier* la Compagnie d'Anzin, cela est possible.
» On créerait *une petite expérience* d'exploitation des
» mines par l'État, de même qu'on a constitué, com-
» me expérience, il y a quelques années, un réseau des
» chemins de fer de l'État. Le nouvel essai serait
» *encore plus défavorable* que le précédent, qui n'a
» pas été heureux. Si d'ailleurs on voulait *exproprier*
» les mines, POURQUOI N'EXPROPRIERAIT-ON PAS AUSSI LES
» TERRES ET LES MAISONS? »

(Journal des Débats, 12 avril 1884.)

Eh! mais nous avons déjà vu cela. Il y a en France des terres et des maisons qui n'ont pas été expropriées au sens exact du mot, parce qu'il aurait fallu en rembourser la valeur, mais d'où on a fait sortir les propriétaires et les usufruitiers, dont on leur a interdit l'usage, et ce par des décrets, dont préfets, commissaires et serruriers ont assuré l'exécution. Il y a aussi des fondations appuyées sur des stipulations expresses qui ont été *désaffectées*, c'est un mot et une opération très commodes et sans frais! Il n'y a pas de raison pour qu'on s'arrête en si beau chemin quand on est lancé, et ce n'est pas le malheureux centre gauche, ce n'est pas le *Journal des Débats* qui, avec leurs états-majors sans troupes, pourront aujourd'hui, dans l'arène électorale, défendre la République modérée contre les brutales et contradictoires fantaisies des gros bataillons révolutionnaires.

Une expérience vient d'être faite, d'où les honnêtes gens et les patriotes sincères ne manqueront pas de tirer d'utiles indications pour la défense des libertés publiques et des grands intérêts nationaux. On peut dire qu'à Paris elle a été d'autant plus solennelle et concluante que l'ordre matériel n'a pas été troublé un seul instant. Il s'agissait de nommer quatre-vingts conseillers municipaux. Le parti opportuniste, le parti gouvernemental, n'avait pas même osé engager la lutte dans vingt-huit quartiers, c'est-à-dire dans plus du tiers ; dans la plupart des autres il a été battu à plates coutures. Les conservateurs ont non seulement maintenu leurs positions, mais les majorités qu'ils avaient obtenues, il y a trois ans, ont toutes progressé et ils ont conquis des sièges nouveaux. Il n'y a de vaincus que les opportunistes et les centre-gauchers ; ces derniers n'avaient que deux candidats et ont à peine réuni mille voix.

Il y a là une évidente manifestation du travail qui s'opère dans les esprits. Parmi toutes ces Républiques qui ont mis sur les murs leurs programmes multiples, il y en a deux de mortes, d'abandonnées par le pays : la République conservatrice de M. Thiers d'abord, et ensuite la République opportuniste de M. Gambetta et de M. Ferry. Quoique nominalement encore au pouvoir, elle est répudiée par le corps électoral, de même que battue en brèche par une presse nombreuse et ardente. Elle n'a tenu aucune de ses promesses, elle n'a satisfait personne, elle a ruiné ou compromis trop d'intérêts, méconnu ou violé trop de droits : on n'en veut plus, et ceux qui ne sont pas encore revenus aux vrais principes en cherchent une autre.

Ils s'abusent : M. Clémenceau et son groupe seraient plus impuissants encore et plus vite usés. D'étapes en étapes, toujours plus rapides, on irait au grand trot à la Commune légale, c'est-à-dire à la tyrannie pure et à la décomposition sociale absolue.

Le devoir de ceux qui veulent le salut du pays, de ceux qui ne l'attendent ni du despotisme, ni d'aucune violence d'aucune sorte, est de s'efforcer par tous les moyens d'action légitimes de seconder et de diriger dans la voie du bon sens ce mouvement si marqué de l'opinion populaire.

La majorité de la nation sait déjà ce qu'elle ne veut plus, il faut lui apprendre ce qu'elle doit vouloir.

Sous le drapeau de la liberté, combattant pour la défense des droits de la conscience et de la famille, pour la sauvegarde du crédit public et de la richesse nationale, les conservateurs ont déjà, en s'unissant, remporté des victoires signalées.

Un des publicistes républicains les plus distingués, un vaincu opportuniste du 4 mai, M. Charles Laurent, rédacteur en chef du *Paris* et candidat malheureux dans le quartier Bonne-Nouvelle, après avoir constaté les divisions et l'émiettement de son parti, écrivait le lendemain dans son journal :

« Savez-vous les nouvelles qui nous arrivent de
» province et qui corroborent complètement, au point
» de vue que nous envisageons, les résultats pari-
» siens ? *Partout*, il faut le dire, *partout où ils pou-*
» *vaient engager la lutte, les monarchistes l'ont en-*
» *gagée*, EN PROFITANT DE LA DÉSUNION DES NOTRES. Dans
» plusieurs centres importants ils ont obtenu pour
» leurs listes un avantage marqué. »(*Paris*, 6 mai 1884.)

L'ancien élève d'Émile de Girardin termine son article inquiet et fiévreux par un appel à la coalition de

tous les républicains contre celui qu'il appelle —
« NOTRE SEUL ADVERSAIRE VÉRITABLE : LE ROI. »

Vous le voyez, devant les menaces du parti autonomiste à Paris, de la révolution sociale dans les bassins houillers, des anarchistes dans les bourgspourris de l'intransigeance, ce n'est pas *le Français* ou *le Soleil*, ce n'est pas *la Gazette de France* ou *le Moniteur universel*, c'est un journal républicain, fondé sous le patronage de M. Gambetta, c'est le *Paris* qui pose la question de MONARCHIE.

IMPRIMERIE CENTRALE DES CHEMINS DE FER. — IMPRIMERIE CHAIX.
RUE BERGÈRE, 20. PARIS. — 18506-4.

www.ingramcontent.com/pod-product-compliance
Lightning Source LLC
Chambersburg PA
CBHW061353050726
47595CB00005B/2214